INMA ZAPATA

APULEYO EDICIONES   FOMENTO DE VALORES   CUENTOS ILUSTRADOS

LAURA VA AL COLE

APULEYO EDICIONES   FOMENTO DE VALORES   CUENTOS ILUSTRADOS

Suena el despertador en el dormitorio de los papás y, como cada mañana, se levantan para asearse y vestirse.

¡Hoy es un día muy especial! ¿Por qué?
Porque Laura, su hijita de tres años, va por primera vez al colegio.
Los papás están muy contentos porque saben que Laura ya es mayor.
¡No lleva chupete! ¡No lleva pañal!
¡Usa el aseo como papá y mamá!
¡Casi come ella solita con su cuchara y su tenedor!
¡Solo la ayudan con el cuchillo porque es peligroso!
¡Bebe agua de su taza!

¡Laura está creciendo!

Mamá entra en el dormitorio de Laura.
Enciende la lámpara que hay en su mesita junto a su cama.
Le da un beso y le susurra dulcemente al oído:
—Laura, hija mía, despierta. ¡Ya es de día! ¡Hay que levantarse y asearse!

Laura se hace la remolona.

Se da la vuelta en la cama.

Hace como que no escucha a mamá.

Papá también entra en el dormitorio y le dice:

—Laura, ¿te acuerdas de qué día es hoy? ¡Hoy es tu primer día de colegio! ¡Vamos! ¡Arriba, hijita! Ya verás qué día tan bonito te espera. Mamá y yo te vamos a acompañar.

Laura abre los ojos.
Se pone de rodillas en la cama.
Abre sus brazos hacia mamá y le dice lloriqueando:

—Al cole, no, mamá. Yo no quiero cole. Yo me quedo aquí con papá y mamá. ¿Vale, mamá?

Mamá le da besos. Le hace mimitos y le dice:

—Laura, el cole es un lugar muy bonito y divertido. Hay otros niños y niñas que quieren ser tus amiguitos y jugar contigo. En tu clase hay cuentos, hay puzles y ¡pintura de dedos que tanto te gusta! Vas a aprender canciones nuevas. Las cantará tu seño, Carmen María. ¡Podrás bailar también! ¡Lo vas a pasar muy muy bien, cariño mío!

Laura mira a mamá y abre sus brazos hacia papá.

Papá está de pie junto a la cama y la aúpa. Le dice a Laura:

—Mamá tiene razón. En el cole vas a conocer a nuevos niños y niñas. Tu señorita Carmen María va a estar contigo toda la mañana. Saldrás al patio a jugar con el tobogán y con los triciclos. Te comerás tu almuerzo.

Laura sonríe:

—¡Quiero cole! Mamá, ponme mi ropa y dame mi leche.

Mamá viste a Laura mientras le canta:

—*Al cole, cole, cole, cole vamos ya.*

Vamos a jugar y a pasarlo bien.

Vamos con mi seño, que me espera allí.

¡Con mis amiguitos y amiguitas voy!

Mamá y Laura entran en el cuarto de baño.
Laura se lava la cara y las manos.
Mamá la peina y le pone una bonita cinta blanca y dos pasadores rojos.
Laura se mira al espejo y le pregunta a mamá:

—¿Estoy guapa?

Mamá le dice:

—Estás preciosa, al igual que van a estar todas las niñas y niños de tu clase.

Laura coge la toalla y se seca bien. ¡No quiere tener legañas en los ojos!

Laura está sentada en su silla de la cocina.

Espera a que papá le caliente la leche.
Papá le echa una cucharada de cacao.

Laura coge su taza con asas para beberse toda la leche.
Cuando termina, se le queda la boca manchada de chocolate.

Papá le da una servilleta para que se limpie.

—¡Qué rica está la leche!

Mamá le responde:

—Verás qué grande te vas a poner si todos los días bebes un vaso por la mañana y otro vaso por la noche.

MiEL

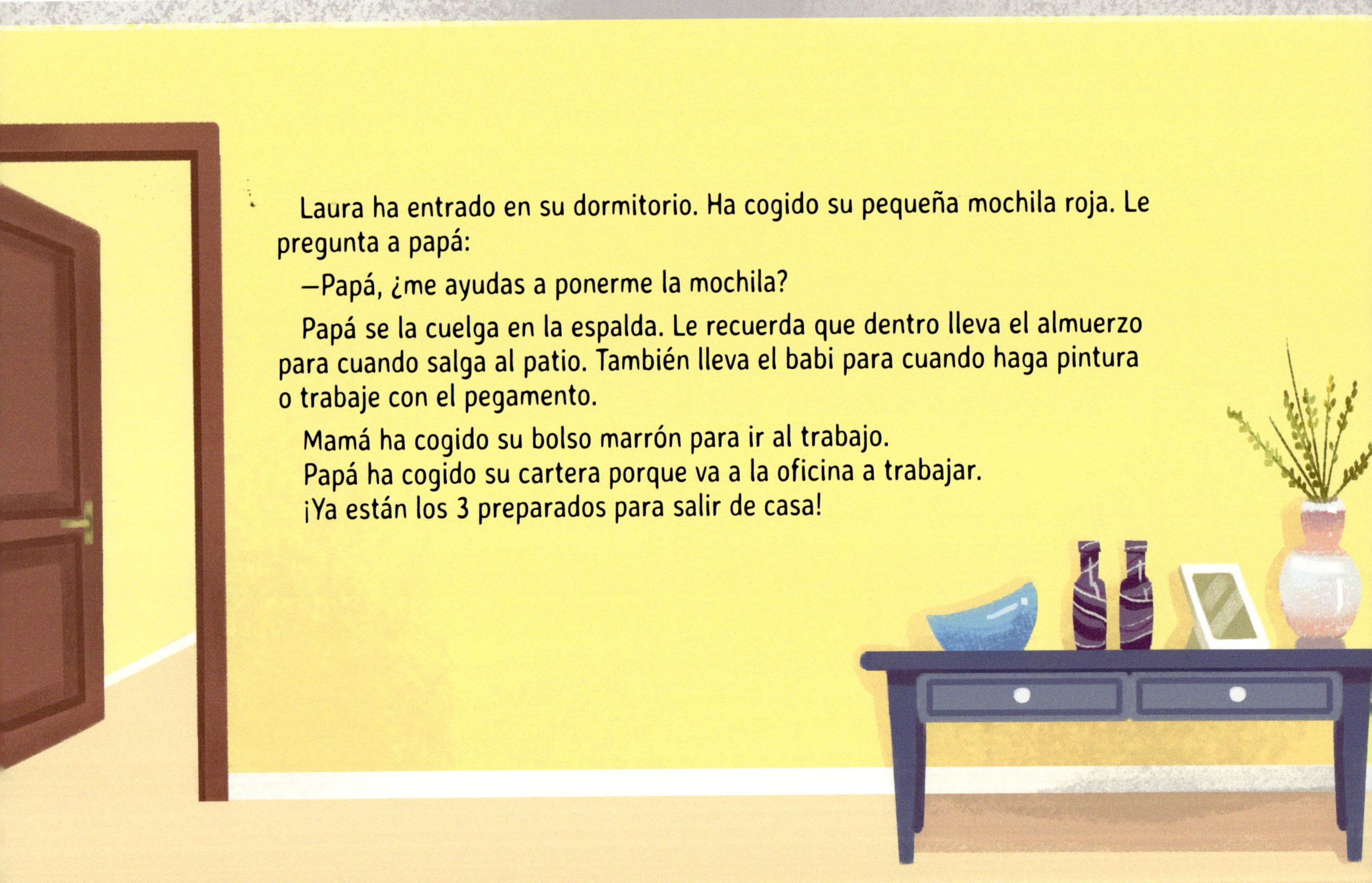

Laura ha entrado en su dormitorio. Ha cogido su pequeña mochila roja. Le pregunta a papá:

—Papá, ¿me ayudas a ponerme la mochila?

Papá se la cuelga en la espalda. Le recuerda que dentro lleva el almuerzo para cuando salga al patio. También lleva el babi para cuando haga pintura o trabaje con el pegamento.

Mamá ha cogido su bolso marrón para ir al trabajo.
Papá ha cogido su cartera porque va a la oficina a trabajar.
¡Ya están los 3 preparados para salir de casa!

Como es el primer día de cole, papá y mamá acompañan a Laura.

La dejan en clase con la señorita Carmen María y con otros niños y niñas.

Cuando ven entrar a Laura, la saludan y le dicen:

—¡Ven, ven a jugar con nosotros! ¡Estamos haciendo un tren en la alfombra!

—¿Cómo te llamas? ¿Esos son tu mamá y tu papá?

Los niños y niñas empiezan a hacerle preguntas a Laura, tantas que no le dejan escuchar y responder.

Laura vuelve la cabeza para buscar a sus papás y les dice:

—Estoy jugando. ¡Voy a hacer un tren!

Mamá y papá le dicen adiós. Le mandan un beso con la mano.

Laura sigue jugando con esos niños y niñas que acaba de conocer.
En la clase siguen entrando otros niños.
Se van sentando en la alfombra para ver cómo hacen el tren.

Hay un niño que acaba de entrar a la clase.
Se ha sentado en un rincón.
El niño parece que está asustado y comienza a llorar.
Laura se levanta y le pregunta:
—¿Por qué lloras? Ven conmigo a hacer un tren. ¡Es muy largo!
PAPEL
PLÁSTICO
ORGÁNICOS

Laura le da la mano y lo lleva hasta la alfombra.

Los dos se sientan y siguen poniendo más vagones al tren.

El niño parece que deja de llorar, pero no le suelta la mano a Laura.

Laura le dice:

—Suéltame la mano para coger vagones de tren. Tenemos que hacer un tren muy largo. Tú puedes coger más vagones.

El niño la mira y lloriqueando le dice:

—Es que no quiero estar solo. Mamá se ha ido. Si me quitas la mano, estaré solo.

—Yo no me voy. Me quedo aquí con la seño Carmen María. Mi mamá y papá vienen luego. Me lo han prometido; cuando coma el almuerzo. ¡Vamos a coger vagones!

El niño le pregunta a Laura:

—¿Mamá viene a por mí?

—Sí. Aquí solo no te quedas. No llores. Tu mamá viene pronto. Mi papá dice que ahora cantamos y pintamos con la seño. ¿Pintas con los dedos?

El niño, llamado Pedro, le dice:

—Yo no pinto nunca con los dedos. Yo pinto con colores y *rotus*.

—La seño nos da pinturas para los dedos. Lo dice mi papá. La seño es muy buena.

Laura y Pedro se quedan en la alfombra con el larguísimo tren.

LAURA Y LAS RUTINAS DE ENTRADA

Laura está sentada en la alfombra de la clase.
Hay más niños y niñas.
Entre todos han formado un tren larguísimo.
¡Casi se sale de la alfombra!

Hay dos niños llorando en la puerta de la clase. Sus mamás y papás se van.
Hay una niña que se mira en el espejo y ¡saca la lengua!
La clase se ve muy bonita. Hay dibujos pegados en las paredes.
Hay puzles en las mesas. Los colores están en bandejas con folios.
La señorita Carmen María hace sonar una campanita mientras dice:

—¡Niños, niñas! Nos ponemos en pie y nos sentamos en una silla.

La seño coge de la mano a los dos niños que lloran y los abraza:

—Mamá y papá van a venir muy pronto. Ahora nos quedamos en clase para conocer a nuevos amigos y amigas. Vamos a aprender muchos juegos y canciones.

La seño se presenta:

—Me llamo Carmen María y soy vuestra señorita. Vamos a estar juntas y juntos todos los días de la semana. El lunes, el martes, el miércoles, el jueves y el viernes. El sábado y el domingo no hay cole y estaréis en casa con vuestras familias.

Carmen María pregunta:

—¿Cómo me llamo?

—¡Carmen María! —contestan los niños y niñas.

—Ahora, cada uno va a decir su nombre en voz alta. ¿Quién quiere empezar?

Laura levanta la mano.

—Yo soy Laura.

—Pues ahora, todos los niños y niñas de la mesa de Laura van a decir sus nombres. Cuando acabe el grupo de esta mesa, lo harán los demás grupos.

—Paula.

—¡Pedro!

—Yo me llamo Mónica.

Todos van diciendo sus nombres muy contentos.

La señorita Carmen María ha puesto la foto de cada niña y niño en las perchas.
Ha escrito los nombres para que cada niño y niña cuelgue su mochila.

—Ahora se va a levantar el niño o la niña que yo llame. Va a sacar su babi y su almuerzo de la mochila. Laura, saca tu babi y lo dejas encima de la mesa. Ahora saca tu almuerzo y lo metes en esta cesta. ¿Lleva tu nombre?

Laura contesta:

—Sí. Mamá lo ha escrito con un rotulador.

Carmen María le dice:

—Muy bien. Hay que decirle a todas las mamás y a los papás que escriban vuestro nombre en la bolsa del almuerzo. ¿Sabéis por qué?

Un niño contesta muy rápido:

—Porque si no pone mi nombre, ¡otro niño se come mi bocadillo! Entonces yo no como y tengo hambre.

Todos los niños y niñas se ríen.
Carmen María sigue hablando:

—Laura, ahora coge tu mochila y la cuelgas en la percha. Busca la percha que tiene tu foto.

Laura busca su foto y cuelga la mochila. Se pone contenta porque encuentra su foto enseguida.
La señorita Carmen María pide un aplauso para Laura.
Laura lo ha hecho muy bien.

—Laura, ahora coge el babi e intenta ponértelo.

Carmen María dice:

—¿Habéis visto lo que hay que hacer con el almuerzo?

Los niños y niñas contestan casi todos:

—Sí. Saco el almuerzo. Lo pongo en la cesta.

—¿Y con el babi?

—El babi me lo pongo.

—¿Y con la mochila?

—La mochila la cuelgo en la percha, con mi foto.

Hay dos niñas que se quedan calladas y Carmen María les dice:

—Y vosotras, ¿sabéis qué hay que hacer?

Una dice que sí y la otra mueve la cabeza y dice que no.

Carmen María llama a Laura:

—Laura, dale la mano a Paula. Llévala a coger su mochila. Le dices qué tiene que hacer con el almuerzo y el babi. Paula, ve con Laura a coger tu mochila. Te va a ayudar a coger el almuerzo y el babi. Luego buscas tu foto en la percha.

Laura y Paula se levantan en busca de la mochila.

Carmen María llama a cada niña y niño para que hagan lo mismo.

Ya están todos las niñas y niños sentados.

Carmen María dice:

—Laura y Pedro, ¿queréis recoger los vagones del tren y guardarlos en esa caja?

Los dos se levantan y Carmen María les da las gracias.

Cuando ya está el tren recogido, les dice:

—Ahora nos vamos a fijar en el dibujo que hay en cada una de las mesas. Una mesa tiene un GATO. ¡Que levanten la mano los que están sentados en esa mesa!

»Otra mesa tiene una RANA. ¡Arriba las manos!

»Otra mesa tiene un PATO. ¡Las manos!

»Otra tiene un PEZ. ¡Manos! Y la última tiene una bonita SERPIENTE. ¡Arriba!

»Ahora voy a llamar a cada equipo. Cuando os llame, os vais a sentar en cada una de las estrellas que hay en la alfombra.

»El equipo del GATO se sienta en la alfombra; el equipo de la RANA. El equipo del PATO. El equipo del PEZ y, por último, el equipo de la bonita SERPIENTE.

Ya está toda la clase sentada en la alfombra. Cada uno encima de su estrella.

Carmen María les dice:

—Vamos a cruzar las piernas para que la espalda esté recta y no me duela. Ahora vamos a dar los buenos días. Lo hacemos con una poesía:

»*Cuando amanece, mis ojos abro yo,*

vengo al colegio, los buenos días doy.

Buenos días, Laura, Laura, Laura.

Buenos días, Laura. Hola, ¿cómo estás?

Buenos días, Pedro, Pedro, Pedro.

Buenos días, Pedro. Hola, ¿cómo estás?

(Con todas las niñas y niños de la clase).

A cada uno le da la mano mientras los saluda y termina con:

—*Buenos días a todos y a todas,*

buenos días a todos y a todas.

Hola, ¿cómo estáis?

Carmen María les dice:

—Hoy he sido yo la que os ha dado la mano. A partir de mañana seréis vosotras y vosotros. Para no equivocarnos, he preparado este mural con vuestras fotos. Están ordenadas por vuestros apellidos. He preparado este sol, que pegaremos al lado de cada foto. ¿Quién está la primera de la fila?

—Laura, es Laura —responden los niños.

—Pues Laura mañana empezará dando los buenos días a toda la clase.

—¡Bien, bien! —responden.

Algunos aplauden de alegría.

La seño Carmen María pega el mural en una esquina de la pizarra, frente a la alfombra donde están sentados.

Carmen María continúa:

—¿Sabéis qué tenemos que hacer ahora? Vamos a ver qué niños y niñas están en estas fotos y no han venido al colegio. De los que no han venido, cogemos su foto y la ponemos en esta casita. Esto lo hará el mismo responsable de dar los buenos días. ¿Os parece correcto?

Laura se adelanta y dice:

—¿Y si viene otro día, la ponemos otra vez en el cole?

—Claro que sí, Laura. Porque todos los días vamos a ver quién ha venido y quién ha faltado. Hoy lo voy a hacer yo para que lo veáis todos bien.

7
8
9
10
11
12
13
14
15
16
17
18
19
20

Carmen María va preguntando:
—¿Ha venido Pedro? ¿Y Laura?...
Carmen María continúa:
—¿Qué veis dibujado en la cartulina
que hay pegada en este mural?
Casi todos los niños contestan al mismo tiempo
mientras Carmen María va señalando.

—Un sol, nubes que llueven, un sol metido en una nube, un sol escondido...

—Muy bien, niños y niñas. Pues vamos a girar la cabeza hacia la ventana. ¿Qué tiempo veis que hace hoy?

Laura se levanta corriendo, se dirige a la ventana y dice gritando:

—¡Sol, sol!

La seño le dice:

—Sí, es un sol, Laura, pero no hay que levantarse corriendo ni gritar. Hay que estar sentada y levantar la mano para hablar. Si todos gritamos al mismo tiempo, ¿se entiende algo?

Laura mueve la cabeza diciendo que no y se sienta en su sitio.

—Laura, levántate y coge el dibujo que has dicho que está en el cielo. Lo ponemos en este mural que pone: HOY HACE...

Laura coge el sol y lo coloca en el mural.

Carmen María comienza a cantar:

—Sol, sol, sol,
que brillas en el cielo,
sol, sol, sol,
dame tu calor.

La canta varias veces hasta que alguno ya comienza a repetirla y después dice:

—Si en lugar de sol hubiese nubes con lluvia, habríamos cantando la canción de...

—¡La lluvia, de la lluvia!

—Muy bien, chicos y chicas.

En la pared, hay pegados 5 grandes lápices de cartulina, cada uno de un color y en ellos pone: LUNES, MARTES, MIÉRCOLES, JUEVES, VIERNES. A continuación, hay dos casitas también de cartulina donde pone: SÁBADO y DOMINGO.

La seño las señala y repite:

—*La semana tiene 7 días:*

lunes, el primero;

martes le sigue;

miércoles corriendo;

jueves en medio;

viernes me despido;

sábado y domingo

con toda mi familia.

—Hoy es LUNES, el primer día de la semana, así que este color que lleva velcro lo colocamos encima del lápiz grande de cartulina donde pone LUNES y es de color rojo. Más adelante colocaremos también el número del día y del mes.

Laura se adelanta de nuevo y dice:

—Carmen María, yo sé qué día es hoy. Me lo ha dicho mi mamá.

La seño pregunta:

—¿Alguien más sabe qué día es hoy?

Mónica levanta la mano.

—Yo lo sé también, seño.

—Bien, pues lo vais a decir las dos al mismo tiempo. Preparadas, ya.

LUNES
9 SEPTIEMBRE
MARTES
MIÉRCOLES
JUEVES
VIERNES
HOY HACE...
SOL

Las dos contestan:

—¡Nueve, hoy es nueve!

—Como ya sabemos que hoy es LUNES, día 9, voy a coger de esta bandeja de números, el número 9 y lo pego con el velcro en el lápiz de la cartulina donde pone LUNES. Lo dejamos aquí para que acompañe al nombre LUNES. ¿Os parece bien?

Los niños y niñas asienten con la cabeza.

La seño pregunta:

—¿Alguien sabe en qué mes estamos?

Laura levanta la mano y dice:

—Me parece que es "tiembe".

Mónica dice rápidamente:

—"Setiembe", seño, es "setiembe"

Carmen María repite:

—Muy bien, niñas, es SEPTIEMBRE. Decid todos conmigo: ¡SEPTIEMBRE! Pues ya sabemos que hoy es LUNES, 9 de SEPTIEMBRE. Cogemos este cartel donde pone SEPTIEMBRE y lo pegamos debajo en el lápiz del LUNES.

La seño vuelve a hacer sonar la campanilla.

—Ahora nos levantamos y cada uno se sienta en el lugar donde estaba. Os voy a dar colores y un folio para que dibujéis lo que queráis.

Los niños y niñas se sientan y comienzan a colorear muy contentos y a hablar entre ellos.

Algunos empiezan a tararear alguna de las canciones que la seño Carmen María les ha cantado. Y así se quedan pintando sus preciosos dibujos.

LAURA Y LAS RUTINAS DE SALIDA

Casi todos los niños y niñas han terminado sus preciosos dibujos.

Se levantan arrastrando sillas, tirando los colores a la mesa e incluso algunos caen al suelo.

Se dirigen corriendo donde está la seño Carmen María.

La seño toca la campanilla y los niños y niñas paran de dibujar o correr por la clase para mirarla.

Cuando hay silencio, la seño dice:

—Niños y niñas, nos volvemos a sentar en nuestras sillas. Los colores que se han caído en la mesa y en el suelo los cogemos y los guardamos en la bandeja. Los que habéis terminado levantáis la mano y esperáis hasta que vaya a vuestro equipo para verlo. El resto seguís terminado vuestro dibujo.

La seño se va pasando por cada equipo de mesa y va preguntando a cada niño y niña lo que ha dibujado.

Carmen María, muy tímida, le dice:

—A mi papá con mi perro.

Pedro exclama:

—¡Al abuelo en el huerto!

Laura, dulcemente, dice:

—A mi papá y a mi mamá, que vienen a recogerme al cole.

La seño se pasa por todos los grupos y va escribiendo en cada folio el nombre del niño o niña en mayúscula y por detrás escribe lo que le dicen que han dibujado.

—Ahora, Laura, del grupo rojo, recoges todos los dibujos y los colocas dentro de la bandeja roja que hay en esta mesa del rincón. Coge la bandeja de colores y la pones también en esa mesa.

La seño continúa con la rutina para recoger las mesas:

—Del grupo verde se levanta Mónica, del grupo azul se levanta Andrés y del grupo amarillo se levanta Carmen María y hacéis lo mismo. Pero en la bandeja del mismo color que vuestra mesa.

PAPEL
PLÁSTICO
ORGÁNICOS

Aprovechan para repasar los colores:

—ROJO, AZUL, AMARILLO, VERDE, NARANJA.

La seño toca de nuevo la campanilla:

—El próximo día vamos a cantar la canción de recogida, ¿queréis aprender y cantarla conmigo?

No espera a que los niños y niñas respondan y empieza a cantar:

—*A recoger, a guardar,*

todo lo pongo en su lugar.

La clase limpia debe quedar,

y todos contentos hemos de estar.

La repite dos veces más para que los oídos de los niños se vayan acostumbrando a esta nueva melodía.

La seño coge la cesta de los almuerzos y pregunta:

—¿Por qué pensáis que he cogido la cesta de los almuerzos?

Laura y Pedro levantan la mano:

—Dime, Pedro.

—Porque tenemos hambre.

—¿Y tú, Laura? ¿Qué opinas?

Laura muy contenta responde:

—Porque nos vamos al patio a jugar y tenemos que comer el bocadillo antes.

La seño empieza a coger cada desayuno y va nombrando al niño o niña para que se levante, lo coja y vaya de nuevo a su silla para comérselo.

Cuando todos los desayunos están repartidos y los niños y niñas desayunando, Carmen María pone música infantil suave mientras les dice:

—Habéis visto que para poder salir al patio hay...

Dice Laura:

—Primero hay que recoger los trabajos, los colores del suelo y ordenar la clase.

Dice Pedro:

—Segundo, hay que repartir los almuerzos y almorzar en nuestro equipo.

Dice Mónica:

—Tercero, hay que tirar los papeles, las bolsas o zumos a la papelera.

En la clase hay tres papeleras, una para el papel, de color azul. Otra para el plástico, de color amarillo. Otra verde para el resto de basura.

Una vez que los niños y niñas van terminando de almorzar, la seño los va llamando y diciendo:

—Laura, ahora coge el papel del bocadillo y lo tiras a la papelera de resto de basura. Coges tu recipiente de zumo y lo tiras a la papelera de plástico.

Laura lo hace.

—Seño, ya lo he hecho.

—Ahora coloca tu silla bien puesta bajo tu mesa y vas al aseo. Haces pipí antes de salir al patio y lavas tus manos.

Cuando Laura regresa del aseo, la seño le da papel de manos para que las seque y le dice:

—Laura, ahora puedes ir a la alfombra a esperar a que los demás terminen.

Laura se va a la alfombra, donde están Pedro y Mónica jugando con la construcción.

PAPEL
PLÁSTICO
ORGÁNICOS

Suena la melodía del colegio y la seño les dice:

—Ahora vamos a dejar la construcción en la alfombra y nos ponemos en pie. Vamos a hacer una fila encima de esta línea que hay en el suelo y se dirige hacia la puerta de la clase.

Los niños se van colocando en orden con las indicaciones de la seño. Rubén echa a correr y empuja a otra niña. La seño le dice:

—Rubén, por favor. Tienes que llevar más cuidado. Has empujado a tu compañera Ana. Hay que ir andando dentro de clase. ¿Te disculpas con Ana?

Rubén se disculpa.

—Ahora vas de nuevo a la alfombra y vienes andando hasta la fila. ¿Te parece bien, Rubén?

—Vale, seño.

Otra seño se lleva la fila al patio. Hay un tobogán, triciclos y camiones. Las paredes del muro están laminadas de pizarra negra. Hay bandejas con tizas de colores gigantes para que puedan dibujar en ellas.

En la clase sigue la seño con cuatro niños.

—Iván, María, Lucía y Hugo, vamos a ir terminando de almorzar. Vamos al aseo y salimos al patio para jugar.

Están tranquilos porque su seño Carmen María está con ellos.

Cuando acaban, la seño pasa una bayeta húmeda por las mesas y salen al patio.

En el patio lo pasan muy bien. La seño está atenta a que todos y todas jueguen y no se queden solos. Con la clase de Carmen María también están la clase de Mª Ángeles y la clase de Nuria.

Suena la melodía del colegio. La seño Carmen María coge su campanilla y se pone en una línea roja que hay dibujada en el suelo.

—Vamos, niños. Vamos, niñas. A la fila.

Sus alumnos se dirigen hacia donde ella está.

—Muy bien, ahora hacemos una fila ordenada encima de esta línea roja del suelo. Nos cogemos del babi como antes y nos iremos a la clase. Cuando entremos, nos sentaremos en la alfombra de la asamblea.

Están en clase ya sentados y la seño les dice:

—He puesto esta música de relajación. Os voy a dar esta toallita húmeda para limpiar vuestra cara y vuestras manos. Bebéis agua de vuestra botella y os sentáis en vuestro sitio del equipo.

Laura limpia su cara, sus manos. Echa la toallita en la papelera de "resto de basura" y se va a beber agua. Así lo hacen todos sus compañeros.

Todos y todas están sentados en los equipos.

—Ahora os voy a repartir vuestro cojín para que lo pongáis en la mesa y descanse la cabeza sobre él, así nos relajamos.

Laura pregunta:

—Seño, ¿qué es "relajamos"?

—Venís muy nerviosos e inquietos del patio. Habéis corrido, estáis sudando y vuestro corazón late muy deprisa. Ponemos la mano sobre el pecho para notar cómo está latiendo nuestro corazón. Pum, pum, pum, ¿lo sentís?

—Sí, sí —responden los niños y niñas.

—Pues con esta música tan suave y respirando profundamente, vamos a ir logrando que nuestro corazón vaya latiendo más despacito. Esto es relajarse.

La seño coge una pluma gigante y se pasa por las mesas para acariciar los cuellos de sus alumnos y alumnas, ayudando así a que se relajen y disfruten del momento.

¡Pedro y Laura se han dormido!

La relajación dura 5 minutos y la seño les dice:

1 2 3 4 5 6 7 8 9 10
HOY HACE...
MIÉRCOLES JUEVES VIERNES SÁBADO DOMINGO

—Ahora os voy a poner juegos en vuestros equipos.

Los niños y niñas están media hora jugando con los puzles, los pinchos, las marionetas, los animales, hasta que Carmen María les dice:

—Niñas y niños, ha llegado la hora de recoger para irnos a casa. ¿Conocéis la canción del babi?

Los niños niegan con la cabeza, otros dicen que no y otros ponen cara de asombro. La seño empieza:

—A casita ya me voy,

el babi he de quitar.

Lo desabotono yo,

chin, chin, pom, (bis)

en la percha lo pondré.

Los niños y niñas aún no manejan los botones. Mientras la seño repite la canción, va ayudando a desabotonar todos los babis. Los niños se los quitan, pero las mangas se quedan de al revés.

Laura dice:

—Seño, mi papá me dice que ponga las mangas derechas.

—Muy bien, Laura. Vamos a hacerlo todos. Meto mi brazo por la manga y la cojo de la punta. Tiro de ella para dentro y así la pongo derecha.

—Seño, yo no puedo —dice Pedro.

—Yo te ayudo —le contesta Laura.

Entre todos y todas se ayudan para poner bien las mangas.

Carmen María prosigue:

—Ahora os levantáis los niños y niñas del equipo rojo y vais a coger vuestras mochilas. Las llevamos a la mesa.

Se levantan Laura, Pedro, Mónica y Rubén. Cogen su mochila y se van a su mesa. Así lo hacen todos los equipos.

—Ahora vamos a hacer un rulito con el babi y lo metemos en la mochila para llevarlo a casa.

Sólo quedan 10 minutos para que suene la melodía y salgan para irse a casa o al comedor.

La seño les propone recitar una poesía de despedida:

—Ahora recitamos una poesía de despedida. Moved las manos como lo hago yo.

»Ha llegado el momento,

a casa me debo ir,

mamá o papá vendrán a por mí.

Y yo muy contento/a estoy.

Mañana al cole volveré,

a mis amiguitos veré,

con mi seño cantaré

y muy bien lo pasaré.

¡Adiós, adiós, mañana volveré! (bis)

La seño les pide que se pongan en dos filas.

—Aquí la fila del comedor y aquí la fila que se va a casa.

Laura dice:

—Seño, yo me voy a casa.

—Muy bien, Laura. Te pones en esta fila de los niños y niñas que se van a casa. Ahora vendrá la seño Lucía y se llevará la fila del comedor. Ella os dirá lo que tenéis para comer y de postre. ¡Qué rico!

Entra la seño de comedor, Lucía, y se lleva la fila. Carmen María se queda con la fila de casa. Salen al patio, donde están las familias esperando.

La seño va llamando a cada niña y niño de la fila para que se vayan con su familia.
Los papás y mamás los reciben con un fuerte abrazo.

Laura sale corriendo cuando la seño le indica que ya puede irse.

—Mamá, mamá, ¡qué divertido es el cole! ¡Me lo he pasado muy bien! ¡Mi seño Carmen María es muy buena!

La seño entra en la clase y se queda preparando los juegos, las canciones y los cuentos para el día siguiente.

PAPEL
PLÁSTICO
ORGÁNICOS

ORIENTACIONES PEDAGÓGICAS GENERALES

Cualquier material dirigido al uso de los niños y niñas debe conllevar unas mínimas orientaciones con carácter pedagógico que permitan a los adultos, en este caso docentes y/o padres, conocer la finalidad del mismo, así como el enfoque educativo y lúdico que se pretende para motivar, estimular y desarrollar las diferentes capacidades y habilidades de nuestros niños y niñas.

Esta serie de cuentos está fundamentalmente dirigida a los docentes y padres de los centros escolares de la etapa educativa de educación infantil, ya que la característica esencial de este alumnado es que suelen proceder directamente del ámbito familiar, aunque cada vez resulta más frecuente, por la propia situación laboral de las familias, que procedan de escuelas infantiles de 0-3 años.

Independientemente del ámbito del que provengan, el paso a un centro escolar implica un nivel de maduración y adaptación que suele resultar complicado, adverso e incomprensible para muchos de los niños y niñas que son escolarizados a esta temprana edad.

Sin embargo, es una de las más idóneas decisiones adoptadas por las familias, porque cuanto antes se produzca este paso, antes se favorece:

- El proceso de socialización.
- El desarrollo de la autonomía personal.
- La búsqueda de la propia identidad.
- La aceptación de sí mismo y de los demás como miembros de un medio social en el que se desenvuelven.
- El respeto a las normas básicas de convivencia.
- El respeto a la igualdad de género.
- El desarrollo de actitudes y comportamientos de tolerancia, de respeto y de valoración, entre otros muchos, que son transmitidos de forma inherente con el propio proceso de enseñanza y aprendizaje.
- La dotación de estrategias de búsqueda del propio conocimiento.
- La experimentación del propio aprendizaje.

Estos cuentos pretenden contribuir con la excelente labor desempeñada por los docentes, considerándose como otros recursos educativos de los que se disponen dentro del aula con una mayor connotación lúdica. Se divierten al tiempo que desarrollan y afianzan hábitos de escucha y atención, aspectos de dramatización y conciencia fonológica. Lograrían un acercamiento a la realidad que le es familiar y que están viviendo en ese momento, el gusto y disfrute por la lectura, ya que no solo se lee cuando uno es capaz de descifrar el código de textos escritos, sino cuando es capaz de interpretar imágenes y expresar lo que en ellas ve reflejado con una secuencia temporal que viene marcada por las propias ilustraciones y por la paginación que le sirve de referencia.

He escogido como protagonista a una niña porque, según mi criterio como profesional de la enseñanza, durante 29 años, un niño o una niña se siente más identificado con otro ser real como él. Tienen una mayor conciencia de la diferenciación existente entre ellos con otros seres de su entorno, sin querer hacer caso omiso a la excesiva creatividad e imaginación que son capaces de desarrollar y asimilar a estas tempranas edades.

Un aspecto al que deseo y debo dotar de la mayor significatividad posible es al momento de la lectura realizada por los docentes o, en su caso, las familias. Debe estar impregnado de una dramatización y expresión emocional que sea capaz de embaucar a los niños y niñas que están recibiendo esa lectura y estimularlos hasta tal punto que puedan percibir dichas historias con plena satisfacción personal. Solo así se logrará el gusto y disfrute por la lectura.

CANCIONES Y POESÍAS

Son canciones y poesías sencillas en su contenido por la familiaridad en ellas expresadas, al tiempo que breves para poder ser retenidas por los niños y niñas con mayor facilidad.

Cualquier aprendizaje o rutina que se desee que el alumnado adquiera se efectuará con mayor naturalidad y motivación si va acompañado de una canción adaptada a su edad madurativa, así como si se dramatiza con gestos corporales y visuales.

Las canciones favorecen:

- La educación, estimulación y discriminación auditiva.
- La expresión corporal y emocional.
- La expresión lingüística.
- La relación social.
- Las capacidades básicas de atención y memoria.

ORIENTACIONES METODOLÓGICAS

Este primer cuento refleja una situación muy común producida en cualquier familia cuando su hijo o hija es escolarizado, por primera vez, en un centro educativo de Educación Infantil.

Pretende ser orientativo, para ver cómo se pueden afrontar las inquietudes e inseguridades de los niños y niñas y poder comprender cómo ellos perciben dicha situación y cómo nosotros podemos ayudarlos a que su percepción sea más agradable, relajada y esté impregnada de la seguridad que tanto buscan en nosotros.

Deseo matizar el relevante interés que tiene para ser trabajado desde el ámbito familiar junto con el escolar, ya que es una situación que se puede presentar en la mayoría de las familias y que pretende, en la medida de lo posible, dependiendo de cómo sea enfocado por las propias familias, orientar a afrontar la complicada situación de asistir por primera vez al colegio.

Nunca hay que olvidar que la actitud que las familias adoptan hacia el colegio y hacia el docente es la que transmiten, inconscientemente, a los propios hijos e hijas.